I0440101

JUAN ENRIQUE GÓMEZ
MERCHE S. CALLE

IMPRESIONES
EN NAVIDAD

IMPRESIONES en Navidad
Textos e imágenes de los autores:
JUAN ENRIQUE GÓMEZ Y MERCHE S. CALLE
Copyright © 2015. Prohibida la preproducción total o parcial del
contenido de esta obra en cualquier formato

ISBN: 1506192912
ISBN-13: 978-1506192918

Conocer la naturaleza es el
primer paso para respetarla

ÍNDICE

La imagen de la naturaleza despierta sensaciones, ofrece impresiones que alertan los sentidos. Un foto libro para mostrar imágenes especiales, parajes que desvelan universos por descubrir. Fotografía de naturaleza, paisajes comentados desde una mirada poética, periodística y científica. Espacios para la contemplación de la naturaleza en invierno. Postales y estampas en Navidad.

Este libro describe espacios naturales a través de una imagen especial. Una fotografía tomada desde un punto concreto, en una época determinada: el final del año, y con circunstancias meteorológicas y de iluminación elegidas para la ocasión. La imagen se complementa con un comentario con las sensaciones que produce la contemplación de esa imagen, además de las características científicas y naturales del paraje elegido.

Se ofrecen las coordenadas geográficas del lugar desde donde ha sido captada la imagen.En la versión electrónica es posible acceder a un mapa interactivo de cada localización. Mapas, textos e imágenes se encuentran en

http://waste.idal.es/impresiones/

JUAN ENRIQUE GÓMEZ / MERCHE S. CALLE

IMPRESIONES

EN NAVIDAD

Una mirada personal sobre la naturaleza, sus espacios, ecosistemas, historia, imágenes y sensaciones.

Lugares reales que intuyen universos paralelos, listos para ser descubiertos...

ENTRE AGUAS Y SAUCES

La vieja estación del Charcón, es la imagen de un sueño que se resiste al olvido, un santuario que guarda historias de altas cumbres... junto al cauce del Genil

L as largas y finas ramas de los sauces, desnudas en invierno, caen sobre las aguas rápidas y frías del río Genil. Intentan ocultar las piedras de pizarra que forman los gruesos muros de una atractiva construcción de carácter alpino. Es la penúltima estación del tranvía que hace casi siete décadas abrió la principal vía de acceso a la alta montaña nevadense y que hace ahora 40 años que cerró sus puertas y quedó a la espera de un nuevo tiempo, de un renacer que parece llegar con su reencarnación en espacio turístico. Permanece junto a la ribera, rodeada de vegetación, como cruce de caminos, confluencia de viejas veredas recuperadas que se adentran en los secretos de Sierra Nevada.

Es un espacio que llama a las puertas de las viejas historias de la montaña, de tiempos en los que aún había mineros y arrieros que desde aquí ascendían hasta las minas de la Estrella, aguas arriba del Genil, y hacia el Dornajo y los castañares de Güéjar por el camino que tras cruzar el cauce y encontrarse con la estación, sube hacia la primitiva carretera de la sierra. Ahora, es cobijo de sensaciones y leyendas, el lugar donde la imaginación permite observar a los viajeros que desde 1947 llegaban a bordo de vagones de tracción eléctrica cargados de mochilas, cayaos, piolets e ilusiones, dispuestos a una larga caminata para desvelar los misterios del Guarnón, que fluye desde el glaciar del Veleta, y sentirse pequeño ante la magnitud de la cara norte del Mulhacén.

Formaba parte de la primera conexión mecánica abierta entre la ciudad y la sierra, del tranvía que el Duque de San Pedro de Galatino comenzó a construir en 1921 y que tuvo su ampliación en 1947 con el tramo entre Maitena, Charcón y San Juan. Continúa flanqueada por grandes cipreses y un enorme cedro. Junto a sus muros discurre el agua de la alta montaña, el fruto del deshielo que alimentó los acuíferos nevadenses y fluye sin fin, para dar vida a un ecosistema de ribera que se conserva en toda su plenitud a pesar de la influencia humana de su entorno.

Álamos, sauces, zarzamoras, clemátides de flor blanca, pequeñísimos 'nomeolvides' de flores azules, colas de caballo junto al agua, fresnos e higueras que en verano tiñen de verde un paisaje de ensueño, que se viste de amarillo y rojo en el otoño y sugiere una imagen para recordar al terminar el año.

Merece la pena dejarse atrapar por las sensaciones que trasmite la estación que acogió los pasos de ida y vuelta de montañeros hasta que el 19 de enero de 1974 vio llegar y marcharse el último tranvía.

¿Cómo llegar?: En Güéjar Sierra, por el antiguo camino del tranvía, tras bajar al río, continuar por la carretera de acceso al área del Charcón. Está tras el puente sobre el río que conecta con la antigua carretera de la sierra.

37° 8'37.02"N 3°24'42.73"O

'ESTRELLAS DE VIENTO

El paisaje se ha cubierto de molinos de aire que en la Pascua parecen ser campos sembrados con el símbolo de la Navidad

S e alzan hacia el cielo desde lomas, estepas y cornisas. Esperan la llegada de los vientos para convertir su ímpetu en luz y calor. Son los nuevos molinos, la réplica contemporánea de los «desaforados gigantes» de Don Quijote, que han poblado las sierras con estilizados mástiles que soportan aspas que a final del año, en tiempos de Pascua, parecen estrellas reunidas en campos de astros que anuncian la Navidad. La imagen se intensifica cuando el paisaje se ve coronado con la estampa blanca de Sierra Nevada recortada sobre el azul del cielo mediterráneo.

En la provincia de Granada hay 18 parques eólicos, repartidos en 15 municipios, la mayoría de ellas en las estribaciones de la gran montaña nevadense. Son 250 aerogeneradores, molinos de viento, con una potencia instalada de casi 400 Megavatios con la que se cubre el 20% de las necesidades energéticas de los ciudadanos. Son las cifras provinciales de un sistema de producción de energía que, al margen de consideraciones desarrollistas o conservadoras, la realidad es que ha llegado a formar parte de la imagen que el paisaje del sur de la península Ibérica ofrece a quienes buscan alimentar el espíritu con la contemplación de la naturaleza.

En la Sierra de Lújar, la línea de molinos vista desde el oriente granadino se recorta sobre el rojo de la puesta de sol; en las llanuras del Marquesado, el movimiento de las aspas genera un extraño efecto sobre el color del amanecer, y en tierras del Valle, en Padul y Nigüelas, se levantan como grandes dioses alados que caminan hacia las altas cumbres de la sierra.

Es fácil dejarse llevar y entrar en espacios imaginarios donde los molinos ya no son gigantes sino campos de estrellas que se mueven con el viento.

¿Cómo llegar?: Es el parque eólico de Padul (Granada). Para contemplar esta imagen hay que recorrer 9 kilómetros de la carretera de la Cabra, desde el Suspiro del Moro, hasta llegar a un carril que parte a la izquierda de la vía y accede a la zona de los molinos. Monte bajo con magníficas vistas de Sierra Nevada.

37° 1'4.70"N 3°40'58.84"O

EL CIPRÉS DE 'LA NOCHE OSCURA'

San Juan de la Cruz escribió los
más bellos versos del misticismo
del siglo XVI bajo un viejo árbol
que aún eleva sus ramas al cielo

Son palabras de amor, de pasión hacia el 'Amado', de la profundidad de un sentimiento que fue más allá de las concepciones terrenales para habitar en el corazón de Dios. Es la esencia de la poesía de uno de los grandes creadores de la literatura universal, del poeta de la mística, del cofundador de los Carmelitas, Juan de Yepes Álvarez, que entre 1582 y 1590 convirtió en su particular esfera de inspiración el huerto monacal de Los Mártires, en la colina de la Alhambra, el lugar donde vivieron y murieron los cautivos cristianos en los últimos años del Reino de Granada, y donde el poeta se dejaba llevar en su profunda comunión con el Ser Supremo. Juan de la Cruz escribía su obra bajo la protección de un gran ciprés, un árbol que aún pervive en la linde entre las huertas monásticas y las terrazas ajardinadas del Generalife.

Los versos de uno de los poemas fundamentales de la obra de San Juan de la Cruz, 'La noche oscura', hablan de escapadas en busca del amor más puro, de paz y entrega. Una serenidad expresada bajo las poderosas ramas de aquel árbol, mecidas por el viento: «El ventalle de cedros aire daba».

El árbol de San Juan de la Cruz no era un cedro, sino una rara variedad de ciprés, un Cupressus lusitanica, que procedía de Méjico desde donde fue traído por misioneros carmelitas y transplantado en Los Mártires por el propio Juan de la Cruz, un árbol elegido como símbolo para alcanzar el cielo.

En el extremo este del jardín del monasterio, hacia donde nace el sol, el ciprés del místico aún eleva sus ramas hacia el firmamento. No importa que hace dos décadas un rayo truncase su altivo porte, porque de su muñón cercenado brotan nuevas ramas que recuerdan el sentir de un humilde fraile que bajo él expresaba su deseo de «habitar en Dios», y su desesperanza: «Todo es para más penar /por no verte como quiero, / y muero porque no muero».

¿Cómo llegar?: En el interior del Carmen de los Mártires, en la ciudad de Granada, se encuentra el viejo ciprés. Hay que caminar más allá del lago y el huerto monacal. Tras pasar bajo el arco de la acequia del monasterio, un camino gira a la derecha y, en un círculo de tierra, junto a madroños y el cauce de la acequia, vive el ciprés de San Juan de la Cruz.

37°10'19.36"N 3°35'6.27"O

EL ACANTILADO DEL DRAGÓN

En el extremo oriental de Granada
la tierra cae de bruces sobre el
mar de Alborán, donde en los atar-
deceres de Pascua las 'rocas del
muerto' muestran sus lenguas de
fuego

E n diciembre el crepúsculo desvela misterios, deja ver imágenes que forman parte de un universo oculto y fascinante. El sol provoca efectos de luz que atrapan los sentidos y liberan la fantasía. En las estribaciones litorales de la Contraviesa, donde las rocas de esquistos y filitas se sumergen en las aguas del Mediterráneo, los acantilados muestran las criaturas mitológicas que los habitan. La luz del atardecer marca las siluetas de los dragones, grandes cabezas de reptiles alados que en tiempos de fenicios, íberos y romanos, se antojaron imágenes de dioses que ahuyentaban a los piratas ávidos de sangre, y despedían los navíos que desde el delta del Gran Çehel (hoy Albuñol y La Rábita) transportaban vino y manjares procedentes de las tierras de la Alpujarra.

Son las rocas que denominan del Muerto, en el área de Punta Negra, nombres que transmiten sensaciones de temor, de peligros desconocidos y que en las cercanías de la Pascua se convierten en el acantilado donde los dragones lanzan sus llamaradas rojas y amarillas hacia el horizonte del Mar de Alborán. Solo es posible contemplarlas en tardes de invierno, cuando el sol se oculta tangencial y genera un particular contraluz si se le observa desde tierra, situados bajo las rocas del cortado, en una posición al noreste del mar.

La imagen de los dragones parecen proteger un impenetrable hábitat de aves marinas e interesantes comunidades de plantas que solo crecen en rocas verticales y espacios escarpados y expuestos a la fuerza del viento y el mar. Entre las rocas, bajo las que baten las olas, se refugian gaviotas patiamarillas, sombrías, reidoras; grupos de cormoranes; grandes alcatraces llegados del norte de Europa y pequeños andarríos y collalbas. Entre las grietas crecen almohadillas de Lafuentea rotundifolia, especies arbustivas amenazadas, como Maytenus senegalensis; flores que asemejan margaritas: Asteriscus martitimus, y adormideras marínas.

Un espacio para conocer y admirar con la mente abierta, donde dejar que prenda el fuego de los dragones del mar.

¿Dónde?: En la localidad de La Rábita, en el extremo oeste de la playa, entre la zona de embarcadero de pescadores, unos metros antes de llegar bajo las rocas en las que culmina la cala, en la puesta de sol.

36°44'56.83"N- 3°10'31.09"O

ACEQUIAS DE INVIERNO

El río Dílar alimenta los cauces que discurren hacia Las Gabias y bajo los álamos, el decantador de arenas purifica las aguas que riegan la Vega

Baja paralela al cauce del río, por la ribera izquierda del Dílar. Desde hace más de cinco siglos se le llama la Acequia Alta, el canal responsable de llevar agua de riego a los campos aterrazados de Dílar, los pagos de Gójar y los cultivos de Gabia. Extrae su caudal del río que nace en los lagunillos de la Virgen, allá en las cumbres de Sierra Nevada, a 3.000 metros de altitud, y que tras el deshielo del verano crece altivo y caudaloso, incluso en los inviernos secos.

Muy cerca de la vieja central eléctrica, el río se deja llevar una parte de su fruto para dar vida a los campos situados aguas abajo, y que al discurrir por las viejas estructuras hidráulicas generan ecosistemas fértiles, en los que al final del año, los fríos del otoño y las escarchas del invierno crean parajes de ensueño, en los que los grandes álamos se convierten en protagonistas de leyendas, personajes de cuento que se mecen sobre las aguas y cuentan historias de viajeros románticos, de botánicos que descansaron bajo sus ramas en las ascensiones hacia las cumbres para catalogar, en 1839, la flora de las montañas nevadenses. Disfrutaron del agua de las acequias moras que hoy continúan presidiendo un paisaje que se transforma con las estaciones, que en Navidad ofrece la imagen de sus arboledas amarillas y rojas, que semidesnudas desafían el viento y el frío de diciembre para crear espacios singulares, en los que el agua ejerce un indudable atractivo y da de beber a animales y plantas.

El agua se remansa pocos metros después de iniciar el camino de la acequia, minimiza su inercia en el que se conoce como el decantador de arenas de la Acequia Alta de Dílar, una estructura donde abandona impurezas y deja reposar la tierra que arrastra desde las cumbres y tras haber recorrido los arenales dolomíticos bajo los Alayos.

En invierno el uso del agua es libre. Así lo dispusieron los árabes para épocas de lluvias y deshielo, en el reparto que llamaron 'riego por justicia' y que aún es la norma que sostiene ecosistemas milenarios.

¿Cómo llegar?: En el municipio de Dílar (Granada). En el camino que recorre aguas arriba la ribera del río Dílar, al terminar las áreas recreativas, hay que cruzar el último puente para pasar al otro lado del río donde se encuentra la acequia. Ascender junto a su cauce y, en menos de 100 metros se encuentra el ensanche que actúa de decantador.

 37° 3'59.74"N   3°32'56.91"O

EL COLOR DE LAS CUMBRES

El blanco tiñe los ríos de arena
que bajan desde las cumbres
del techo ibérico

C uando hace ocho millones de años las cumbres de Sierra Nevada se alzaron en toda su plenitud sobre las cordilleras alpinas que limitaron el litoral mediterráneo, los movimientos de tierras crearon cauces por los que aún discurren ríos cuyas 'aguas' son arenas dolomíticas, sedimentos calizos en los que viven especies de flora únicas en el mundo, cauces de piedra que en épocas de invernada se cubren de un manto blanco y helado.

Los roquedos de pizarras de las altas cumbres descienden hacia los valles y en su caída se funden y mimetizan hasta desaparecer en la linde donde los arenales marcan el inicio de la baja montaña. Discurren bajo picos fundamentales de la geografía de la sierra, el Trevenque y la mini cordillera de Los Alayos. En tiempos de nieves, ofrecen una imagen de caminos de hielo que permiten viajar a territorios de aventuras y desafíos.

Observar la 'cuerda' de los tres mil metros de Sierra Nevada desde las inmediaciones del Hervidero, muy cerca de la ciudad, en la antesala de la alta montaña, es dejarse impactar por la magnitud de la última gran formación geológica del suroeste europeo y entender la evolución de un territorio único en el que pinares, encinares y matorral mediterráneo dejan espacio, poco a poco, a plantas especializadas en suelos con grandes dosis de magnesio; caminos que ascienden hacia tomillares, sabinares y piornales nevadenses que dan paso a los glaciares, tajos y cascajales de las cumbres, desde el Veleta hacia el norte y el Caballo al sur.

Los arenales son el inicio del viejo sendero que accede a las caras oeste de Sierra Nevada, a las cumbres formadas por rocas metamórficas que 500 millones de años atrás fueron parte del lecho marino y hoy son el techo de Iberia.

¿Cómo llegar?: En la baja montaña nevadense, junto al Hervidero, después de una densa nevada, es posible contemplar la imagen de los arenales que desde la zona del Trevenque ascienden hacia las altas cumbres. Se accede por la carretera de la Zubia. Poco antes del merendero, sobre las lomas que bordean el carril, se divisa la imagen de las caras oeste de la sierra.

 37° 5'17.36"N 3°32'8.44"O

LA PUERTA DEL TIEMPO

Oculta en el bosque de la Alhambra, el arco de la rambla cobra vida en un paisaje de agua y hojas de invierno

C onduce a un universo en el que habita el espíritu de un tiempo quebrado por intrigas, traiciones y venganzas. La puerta del arenal, el arco de Bibrambla, aparece tímido entre las ramas de los castaños de indias, en el paseo central del bosque de la Alhambra, donde un sendero de hojas de invierno invita a caminar bajo sus piedras, talladas por canteros y alarifes, e iniciar un viaje hacia la historia, a espacios perdidos por el devenir de los siglos y el olvido de las gentes.

No está en su lugar de origen, sino en el camino de acceso a la fortaleza roja, el complejo palatino al que durante siglos miró desde la distancia. Era la gran puerta que desde la rambla formada entre el Darro y el Genil, el arrabal del Arenal, daba paso a la primera plaza de la ciudad, en el lugar donde se concentraban los ganados, viajeros y artesanos y se iniciaba la vida de la Granada nazarí, a un paso de la Mezquita Mayor y alejada de la Alhambra, pero el destino la alzó a un lugar de privilegio donde pudiese mantener viva su imagen y leyenda.

A finales del siglo XIX, la vieja puerta fue desmantelada. Sufrió el derribo, el mismo trágico destino que el resto de los arcos de Bibrambla. El sentir de algunos sectores de la ciudad, que lograron que el gobierno la catalogase como monumento, no impidió su destrucción. Las piedras que pudieron ser recuperadas se guardaron en el Museo Arqueológico hasta que el arquitecto Torres Balbás, restaurador de la Alhambra, en 1935, la reconstruyó, piedra a piedra. Engarzó sus elementos para recuperar la estructura de sus arcos y le otorgó una nueva dignidad.

Puede contemplarse en la subida a la Alhambra, pero su imagen se convierte en fascinante si se observa desde el interior del bosque, tras acceder por la cuesta de Aixa, al otro lado del paseo, camino de los Mártires. Desde allí, se observa como tras los setos de boj y arrayán se asoma al paseo central, orgullosa de mostrarse como la última puerta de Bibrambla y un sendero hacia la historia.

Origen: La puerta era conocida como el Arco de las Orejas porque de ella colgaban, como tétrico aviso, las que eran cortadas a los delincuentes. Estaba situada en la conexión entre la actual calle Salamanca y la plaza de Bibrambla. **Actual:** La Tras recuperar sus piedras, se ensamblaron en el paseo central de la Alhambra, donde permanece como parte de la historia de Granada.

 37°10'30.89"N 3°35'22.38"O

EL BOSQUE DE LAS LÁGRIMAS

Protegidos por la umbría, álamos y sauces entrecruzan sus ramas a la orilla del Darro, bajo el Cerro del Sol

C ada mañana la escarcha se convierte en agua que da de beber a las plantas de un bosque que desde la umbría intenta ascender en busca de los rayos de sol del invierno, en gotas que en forma de lágrimas caen desde las ramas de los álamos, sauces y fresnos cubiertos de hiedras que ofrecen sus racimos de frutos morados.

En la ladera del Cerro del Sol, a orillas del Darro, frente al paisaje de Valparaíso convertido en el 'Monte Sacro' y coronado siempre por la antigua muralla nazarí y la misteriosa abadía de los libros plúmbeos, sobrevive un denso bosque de ribera que desafía al tiempo y parece haber suscrito un pacto de mutuo entendimiento, o quizás de olvido, con una ciudad demasiado próxima.

Por el camino de los aguadores, en el sendero del Avellano, más allá de la fuente donde Ganivet y sus visionarios analizaban la evolución de un mundo que no lograba llenar sus deseos de libertad y amor, surge una pequeña senda que se interna en un territorio de sueños que el invierno tapiza de hojas bordeadas de una fina corona de hielo.

Es la puerta de un espacio donde la naturaleza muestra sus particulares adornos de Navidad, en la que los frutos rojos de la nueza negra cuelgan de las hojas verdes, en forma de flecha, que trepan sobre los viejos troncos en los que se aferra el agua y da vida a mil y unas formas de hongos, minúsculos bosquecillos de Schizophyllum, adornados por finas hebras de Caloceras, que como pequeñísimas llamas amarillas, surgen de las grietas de las maderas muertas. Y en la ladera, donde la escarcha blanquea los prados, las semillas de clemátidas, de los jazmines de monte, forman estrellas de algodón que adornan los claros de un sendero bordeado de retamas.

Más allá del Avellano, donde los árboles se abrazan y forman arcos bajo los que ya caminaron los acequieros del sultán, y aquellos que deseaban saciar su sed con el agua que surgía de las fuentes Agrilla y de la Salud, los pasos se impregnan de gotas de rocío en forma de lágrimas.

¿**Cómo llegar?:** Por el Camino del Avellano, una vez que se llega a la fuente, se inicia una pequeña vereda, que continúa paralela al Darro. A pocos metros se adentra en un bellísimo bosque de ribera.

 37°10'49.08"N 3°34'49.77"O

FLORES ROJAS EN EL MAR

La planta de la Navidad huye del frío y aprovecha los ecosistemas cálidos para florecer en una época de días cortos y noches largas

S urgen de la oscuridad para teñir de color los días más cortos del año, un tiempo en el que la noche es larga y favorece el desarrollo de especies que huyen de la insolación y sorprenden con una impresionante profusión de rojos y amarillos, es la explosión de la flora de invierno. Especies de plantas que florecen en diciembre porque necesitan muchas horas sin luz y que las gentes asimilan a la Navidad, por encarnar el milagro del color en tiempos de sombras. Una planta oriunda de sudamérica, descubierta en tierras mejicanas y exportada a todo el mundo, la Flor de Pascua, el 'pascuero', se ha convertido en el símbolo de la Navidad gracias a sus grandes hojas rojas que se asemejan a la estrella que anunció el nacimiento de Jesús.

A pesar de tratarse de una especie de climas cálidos, e incluso tropicales, cada año se cultivan, venden y regalan millones de ejemplares de Flor de Pascua en la totalidad del hemisferio norte, incluso en zonas donde las temperaturas se consideran gélidas, cuelgan girnaladas formadas con enormes rosetones de flores de pétalos rojos, que se convierten en efímeros adornos naturales condenados a marchitarse de frío.

Pero la Euphorbia pulcherrima, llamada Corona del inca, Pastora y Nochebuena, no es solo flor de un día. En el,litoral mediterráneo muestra su mejor porte arbolado con tamaños que llegan hasta cinco metros de altura y con coberturas de más de 10 metros de diámetro. Son impresionantes racimos de flores que con su color rojo miran hacia el horizonte en busca del sol tangencial del invierno.

La costa de Granada, con sus rincones biogeográficos inframediterráneos (subtropicales) ha sido el refugio de la Flor de pascua, y es posible disfrutar de su imagen casi naturalizada en los montes aterrazados entre Salobreña y la Herradura, y entre calas y barrancos del litoral más oriental, donde la mágica estrella roja mira al mar.

¿Dónde?: Es posible encontrar arbustos cultivados, e incluso naturalizados, en gran parte de la línea litoral de la provincia de Granada, ya que es una planta que puede crecer entre cero y 300 metros de altitud. Se ve en casas y cultivos entre Salobreña y Almuñecar, en Motril, la Mamola, Castell de Ferro, e incluso en la Caleta de Salobreña está plantada en las calles.

36°45'9.73"N 3°15'47.32"O

EL CANAL DE LAS GALAXIAS

Las ondulaciones del mar desvelan un camino de estrellas iluminadas por el sol del invierno

E n invierno la Tierra parece que se vuelve tímida y gira para ocultar el hemisferio norte a la influencia del sol y mostrarle el sur para que aquellas latitudes dispongan de su temporada de luz y calor. La Tierra se mueve con un plan establecido, reiterativo y constante. Inició su viaje al final del otoño y lo culmina entrado ya el nuevo año, el momento en que la naturaleza necesita un cambio de ciclo: en el norte es necesaria la primavera mientras el verano debe terminar en el sur. Un movimiento del planeta alrededor del astro rey que provoca que en diciembre y enero lo veamos caminar de este a oeste sin casi separarse del horizonte.

El sol marca una línea tangencial que dibuja extrañas formas en campos y bosques, profundiza las umbrías entre las montañas y desvela senderos de estrellas que discurren sobre las aguas del Mediterráneo. Las ondulaciones de las olas, al situarse frente a la influencia de los rayos de sol, producen brillos y destellos que se convierten en pequeñas estrellas de luz. Es un fenómeno óptico que puede observarse durante todo el año al amanecer si miramos al este, y al oeste con el crepúsculo, pero en el solsticio de invierno, la imagen se muestra a casi todas las horas del día, con momentos en los que la totalidad de la lámina marina es un campo estelar.

El litoral granadino ofrece espacios desde donde parten los senderos de las estrellas, y algunos de ellos se convierten en vías lácteas, en canales por los que discurren las galaxias. Entre las rocas de la playa del Pozuelo, en Almuñécar, el peñón de Salobreña, los roquedos de Sacratif y las ahora solitarias playas de la Rijana, el peñón de San Patricio y el Ruso , se inician virtuales e imaginarias sendas de luz.

La Navidad es el momento en que las estrellas parecen acercarse a la Tierra, y en realidad lo hacen a través del mar.

¿Dónde?: Entre diciembre y enero en las costas granadinas, a cualquier hora del día, el sol genera estrellas en las aguas remansadas entre rocas. Un sitio especial es la playa del Pozuelo, en Almuñécar, situada al levante de Velilla, al otro lado del Tesorillo. En los roquedos situados bajo la torre vigía se abre el camino estelar.

 36°44'42.23"N 3°39'42.17"O

EL ÚLTIMO ÁRBOL DE NAVIDAD

Abrazados por el agua de la turbera, los viejos álamos se reflejan como adornos de Pascua en el centro de la ancestral laguna de Padul

E stán condenados a muerte. Tienen sus troncos inundados y las raíces no serán capaces de alimentar su gran porte a pesar de la fertilidad de un suelo formado por materia orgánica sedimentada desde hace más de un millón de años. Son los viejos álamos que crecen en el centro de la turbera de Padul, de la gran laguna del Aguadero, recuperada tras la protección de un espacio natural básico para la pervivencia de múltiples especies de aves que llegan en invierno desde el norte de Europa y en verano desde más allá del Sahara. Son casi centenarios, lo que es mucho para árboles de una especie de crecimiento rápido y escasa longevidad. Ya están casi secos y no podrán resistir durante mucho más tiempo la permanencia de sus pies bajo el agua, y cederán ante un implacable destino, pero mientras tanto se alzan orgullosos sobre la lámina de plata de la turbera del Cuaternario.

Sus ramas, desprovistas de hojas, aún son refugio de grandes aves acuáticas, cormoranes y garzas reales, que han hecho de los álamos de la turbera, útiles oteaderos desde los que observar el movimiento de sus potenciales presas entre las aguas del humedal y en la primavera, un lugar donde construir sus grandes nidos y que facilite la protección de los polluelos que entre los álamos rodeados de la barrera infranqueable del agua de la laguna, crecerán hasta poder emprender el vuelo, buscar nuevos horizontes y volver después a los viejos árboles en los que nacieron.

Bajo el agua, larvas de invertebrados, hongos y peces aprovechan los troncos como hábitat, lo que atrae a las aves buceadoras, zampullines, somormujos, fochas y hasta al pequeño 'rey pescador' que compite con las garzas en la búsqueda de alevines de carpas. Patos azulones, cucharas, porrones, coloraos y otras especies de anátidas nadan entre los troncos, buscan invertebrados, plantas y algas en la superficie y descansan en sus incursiones por la laguna antes de volver al abrigo de los carrizales.

En el inicio de un nuevo año, los álamos se dibujan sobre la superficie convertida en un espejo, para devolver al cielo las vivencias de décadas en las que adornaron la Navidad de las lagunas.

¿Dónde?: En el humedal de Padul, en el centro de la turbera del Aguadero. Por la antigua carretera de la Costa, una vez pasada la segunda entrada a Padul, está el acceso al Centro de Visitantes del humedal, desde donde se llega a la laguna.

 37° 1'2.13"N 3°36'13.67"O

MERCHE S. CALLE
Licenciada en Ciencias Biológicas, especializada en Zoología, Botánica, Antropología y divulgación científica. Desde 1996 es fundadora y directora científica y editora de la revista de Naturaleza y Medio Ambiente, Waste Magazine. Periodista y fotógrafo de prensa, con especial atención a la fotografía y vídeo reportajes de biodiversidad.
Es directora y editora de la revista especializada en información musical, IndyRock Magazine.

JUAN ENRIQUE GÓMEZ
Periodista, especializado en naturaleza, medio ambiente y divulgación científica. Desde 1996 es fundador y director de la revista, Waste Magazine. Es redactor del periódico IDEAL de Granada, donde realiza una sección especial sobre temas de naturaleza. Periodista gráfico, fotógrafo de prensa, con especial atención a la fotografía y vídeo reportajes de naturaleza y biodiversidad. Comunicación multimedia y diseñador gráfico.
Es director y editor de la revista especializada en información musical, IndyRock Magazine.

Libros y Guías de naturaleza
Autores de las guías de naturaleza incluidas en Waste Magazine:
    Guía de Flora del Mediterráneo
    Guía de Aves
    Guía de Mariposas
    Guía de Especies marinas
    Guía de Setas
    Guía de Moluscos
    Guía de Líquenes
    Guía de Insectos
Libros: *Sub. Cuaderno de especies, el litoral mediterráneo de Andalucía.*
    Aves de Fuente de Piedra
    Los Pilares de Granada
Monográficos: Plantas de las tierras de Al Andalus

Premios periodísticos y de divulgación
De forma conjunta han sido galardonados con:
    Galardón 'Granada Coronada' por la defensa de la naturaleza (2013)
    Premio Aguas de Mayo de Ecologistas en Acción (2007)
    Premio Comunicar a la divulgación educativa y científica
    Premio Ecovidrio a la divulgación medioambiental
    Premio Andalucía Joven (edición 2003)
    Premio Granada Joven (edición 2002)

JUAN ENRIQUE GÓMEZ - MERCHE S. CALLE

IMPRESIONES
en Navidad